CHANTS RELIGIEUX

DÉDIÉS A LA JEUNESSE

PAR

A. DEHEN, D'AMIENS

Ancien Inspecteur départemental de l'instruction primaire

OFFICIER D'ACADÉMIE

MIS EN MUSIQUE PAR D'ÉMINENTS ARTISTES

Illustrés d'un Dessin spécial pour chaque morceau
et de Vignettes historiées

SUIVIS DES DIFFÉRENTS AIRS NOTÉS ET GRAVÉS

Laudate nomen Domini...
quoniam suavis est Dominus.
PSAUMES CXII ET XCIV.

CHEZ LES PRINCIPAUX LIBRAIRES

DE PARIS ET DES DÉPARTEMENTS

ET CHEZ L'AUTEUR, 6, RUE CONSTANTINE, A TOURS.

—

1855

CHANTS RELIGIEUX

DÉDIÉS A LA JEUNESSE.

CHANTS RELIGIEUX

DÉDIÉS A LA JEUNESSE

PAR

A. DEHEN, D'AMIENS

Ancien Inspecteur départemental de l'instruction primaire

OFFICIER D'ACADÉMIE

MIS EN MUSIQUE PAR D'ÉMINENTS ARTISTES

Illustrés d'un Dessin spécial pour chaque morceau
et de Vignettes historiées

SUIVIS DES DIFFÉRENTS AIRS NOTÉS ET GRAVÉS

Laudate nomen Domini...
quoniam suavis est Dominus.
PSAUMES CXII ET XCIX.

CHEZ LES PRINCIPAUX LIBRAIRES

DE PARIS ET DES DÉPARTEMENTS

ET CHEZ L'AUTEUR, 6, RUE CONSTANTINE, A TOURS.

1855

AU CLERGÉ DE FRANCE.

AUX MEMBRES DE L'ENSEIGNEMENT.

AUX AMIS DE L'ÉDUCATION.

AUX CURÉS, INSTITUTEURS ET INSTITUTRICES

DES ANCIENNES ACADÉMIES

D'AMIENS, ORLÉANS, DIJON, PARIS, ROUEN ET STRASBOURG.

HOMMAGE RESPECTUEUX

ET

SOUVENIR DE SYMPATHIE.

AVANT-PROPOS.

« Louez le nom du Seigneur, car le Seigneur est la bonté même. » Cette épigraphe, tirée du Psalmiste et placée en tête de ce recueil, montre la pensée, à la fois grave et douce, qui l'a inspiré.

La bonté infinie de Dieu nous porte de cœur et d'esprit, tous tant que nous sommes, à l'aimer pour lui-même, à l'aimer dans nos semblables; pur et saint amour qui, selon la parole du Maître, est à lui seul « toute la loi et les prophètes. »

Cette affection intime et raisonnée de la créature reconnaissante pour son auteur, son bienfaiteur éternel, a donné naissance, dès l'origine du monde, au culte extérieur: de là les louanges, les actions de grâces, qui des lèvres de l'homme s'élèvent incessamment jusqu'au trône du Tout-Puissant.

C'est à cette source féconde et intarissable de l'amour de Dieu et du prochain qu'ont été, en quelque sorte, puisés les *Chants Religieux*, qui sont comme autant d'hymnes applicables aux principales situations de la vie.

Nous avons cherché à les empreindre de la vertu expansive de la charité, à les vivifier du sentiment chrétien, qui met la terre en relation constante avec le ciel, et, en même temps, à les revêtir d'une forme toujours simple et facile à saisir : nous efforçant par là de leur imprimer à tous un caractère d'utilité générale.

Pour la partie musicale, non moins importante ici que le texte lui-même, nous avons fait appel au talent sympathique d'artistes éminents et spéciaux, dont le nom est notoirement un titre de recommandation.

Si nos intentions se sont vraiment réalisées, les *Chants Religieux* conviennent donc également aux deux sexes, aux différents âges, aux intelligences diverses et à toutes les conditions ; — et ils peuvent être exécutés dans les lycées et les institutions, les maisons d'éducation et les écoles, au sein de la famille, et, pour la plupart, sous la voûte des temples, comme aussi dans les salons et les concerts.

Déjà même, au fur et à mesure de leur publication, plusieurs de nos compositions ont obtenu cet honneur. Elles ont été chantées dans quelques églises de la capitale et des provinces, — à la clôture, à la réouverture de l'année scolaire, — et dans nombre de réunions musicales, particulières et publiques.

A une époque où l'esprit religieux se développe et se raffermit, où la sollicitude pour l'éducation de la jeunesse devient plus répandue et plus active, les travaux destinés à seconder, à un degré quelconque, des tendances si consolantes pour le progrès et le bonheur de l'humanité, reçoivent naturellement partout un bienveillant accueil.

Ces considérations nous ont enhardi à produire au jour le modeste recueil que nous présentons ici.

Les chants qu'il contient ont d'ailleurs été soumis à l'appréciation de juges compétents, à l'examen d'autorités graves et, « par le concours que s'y prêtent la poésie, la musique et la gravure, » ils ont paru propres « à toucher le cœur, à fortifier l'âme, à élever l'esprit. »

De si flatteuses approbations, ces précieux témoignages d'intérêt nous donnent l'espoir de voir le public nous accorder son suffrage décisif et encourager aussi nos efforts.

Dans un sentiment de reconnaissance pour des marques d'intérêt qui nous touchent profondément, nous avions pensé d'abord à placer ici la liste des souscriptions aux *Chants Religieux* recueillies avant leur publication ; mais le chiffre qu'elles ont atteint ne permet plus de donner suite à ce dessein.

Par une exception que justifie le caractère même de cet ouvrage, nous croyons cependant devoir faire connaître les adhésions personnelles qu'ont bien voulu nous accorder de vénérables membres de l'épiscopat :

Son Éminence Mgr Morlot, cardinal-archevêque de Tours, membre du conseil supérieur de l'Instruction publique ;

Son Éminence Mgr Donnet, cardinal-archevêque de Bordeaux membre du conseil supérieur de l'Instruction publique ;

Sa Grandeur Mgr Mioland, archevêque de Toulouse ;

Sa Grandeur Mgr Roess, évêque de Strasbourg ;

Sa Grandeur Mgr Dufêtre, évêque de Nevers ;

Sa Grandeur Mgr Tirmarche, évêque d'Adras, — aumônier de Sa Majesté l'Empereur des Français.

NN. SS. de Strasbourg et de Nevers ont daigné de plus accepter la dédicace de deux morceaux de notre recueil :

Le premier, celle de l'Invocation a l'Esprit-Saint ;

Le second, celle des Prières du jour.

I.

TEXTE.

Daigne sous l'ombre de tes ailes
Abriter nos âmes fidèles!

3

I.

INVOCATION

A L'ESPRIT-SAINT.

MUSIQUE DE J. CH. DIETERICH.

Sub umbrâ alarum tuarum protege nos.

PSAUME XVI, 10.

Source de force et de lumière,
Esprit-Saint, exauce nos vœux;
De nos cœurs entends la prière,
Verse-nous tes dons et tes feux;
Daigne sous l'ombre de tes ailes

Abriter nos âmes fidèles :
Fais que tes enfants soient heureux !

Parais, éclaire,
Esprit des Cieux ;
A ta lumière
Ouvre nos yeux !

Quand il puise en toi son courage,
Quand tu secondes son effort,
Malgré la faiblesse de l'âge,
L'enfant peut s'égaler au fort :
Esprit-Saint, contre la souffrance
Ne nous laisse pas sans défense ;
Sois notre appui jusqu'à la mort !

Parais, éclaire,
Esprit des Cieux ;
A ta lumière
Ouvre nos yeux !

Comme ces disciples du Maître,
Les temps s'accomplissant enfin,
Soudain ont senti tout leur être
Transformé par ton feu divin :
De même, Esprit-Saint, de tes flammes
Qu'un rayon, visitant nos âmes,
Les dépouille du vieux levain !

Parais, éclaire,
Esprit des Cieux ;
A ta lumière
Ouvre nos yeux !

Du haut des éternelles voûtes
Et du sein de ta majesté,
Par de mystérieuses routes,
Toi qui conduis l'humanité :
Esprit-Saint, loin de la mollesse,
Dans les sentiers de la sagesse,
Guide-nous vers la vérité !

Parais, éclaire,
Esprit des Cieux ;
A ta lumière
Ouvre nos yeux !

Des cieux puissante Reine, en tous lieux et toujours,
Daigne aux faible mortels prêter ton bon secours !

7

II.

HYMNE A LA VIERGE.

—

MUSIQUE

DE A. ELWART.　　　　|　　　　DE TH. THURNER.

(Partitions distinctes).

-⟨⊝⟩-

Sub tuum præsidium confugimus...
Office de la Vierge.

Des Cieux puissante Reine, en tous lieux et toujours,
Daigne aux faibles mortels prêter ton bon secours !

　　　Toi que, près de quitter la terre,
　　　Par un dernier acte d'amour,
　　　L'Homme-Dieu que tu mis au jour,
　　　En mourant nous légua pour mère ;
　　　Des bienfaits de ce fils divin
　　　Gracieuse dispensatrice,

Vierge très-sainte, au genre humain,
A chacun de nous sois propice !

Des Cieux puissante Reine, en tous lieux et toujours,
Daigne aux faibles mortels prêter ton bon secours !

Dans ta maternelle tendresse,
Du haut de ton trône d'azur,
Couvre l'enfant d'un rayon pur,
Vers le bien guide sa jeunesse ;
Et fais-nous tous comme Jésus,
Des enfants le parfait modèle,
Avec l'âge croître en vertus,
Pour gagner la palme immortelle !

Des Cieux puissante Reine, en tous lieux et toujours,
Daigne aux faibles mortels prêter ton bon secours !

Lorsqu'aux plus vifs chagrins en proie,
La mère pleure un fils chéri,
Ou la jeune épouse un mari,
Qui naguère faisait sa joie ;

Lorsque l'orphelin dans les pleurs
Traîne aussi ses tristes journées,
O tendre mère des douleurs,
Veuille adoucir leurs destinées !

Des Cieux puissante Reine, en tous lieux et toujours,
Daigne aux faibles mortels prêter ton bon secours !

Sur le voyageur qui s'égare,
Épiant en vain quelque bruit;
Sur le matelot, dans la nuit,
Sans boussole errant loin du phare;
Sur ces guerriers au cœur vaillant,
Qui combattent pour la patrie,
Abaisse un regard bienveillant;
Protège-les tous, ô Marie !

Des Cieux puissante Reine, en tous lieux et toujours,
Daigne aux faibles mortels prêter ton bon secours !

Des préceptes de l'Évangile
Pour qui longtemps s'est écarté;

Pour qui, vide de charité,
Ici-bas végète inutile;
Pour tous nos frères et pour nous,
Des pécheurs auguste refuge,
Nous t'en prions à deux genoux,
Implore le Souverain Juge!

Des Cieux puissante Reine, en tous lieux et toujours,
Daigne aux faibles mortels prêter ton bon secours!

Heureux l'homme vraiment fidèle...
...la Foi, du sein de la gloire,
Pour prix de sa noble victoire,
Lui tend la palme de l'Elu!

11

III.

LA FOI.

MUSIQUE DE A. ELWART.

Justus ex fide vivit.
S. PAUL *aux* Rom., 1, 17.

O Foi sainte, foi de nos pères,
Vertu des faibles et des forts,
De tes ineffables mystères
Verse en nos âmes les trésors !

Sur le vaste océan du doute,
Pour protéger l'humanité
Contre les écueils de la route,
De la Foi brille la clarté :

Flambeau divin, dont la présence
Nous fait traverser l'existence
Dans la paix, la sécurité !

O Foi sainte, foi de nos pères,
Vertu des faibles et des forts,
De tes ineffables mystères
Verse en nos âmes les trésors !

Heureux l'homme vraiment fidèle,
Qui, marchant sous l'œil du Seigneur,
De sa raison, souvent rebelle,
A pu maîtriser la clameur !
Chaque jour, plus ferme et plus sage,
Il s'est donné par son courage
Un bouclier contre l'erreur !

O Foi sainte, foi de nos pères,
Vertu des faibles et des forts,
De tes ineffables mystères
Verse en nos âmes les trésors !

Dans les plus cruelles épreuves
Loin désormais d'être abattu,
Comme un guerrier fort de ses preuves,
Il triomphe par sa vertu ;
Et la Foi, du sein de la gloire,
Pour prix de sa noble victoire,
Lui tend la palme de l'Élu !

O Foi sainte, foi de nos pères,
Vertu des faibles et des forts,
De tes ineffables mystères
Verse en nos âmes les trésors !

Espère, tu vas être heureux !

IV.

L'ESPÉRANCE.

MUSIQUE DE A. ELWART.

━⊖━

In spem contrà spem.

s. PAUL *aux* Rom., IV, 18.

Divine Espérance,
Doux aliment du cœur,
Ta seule présence
Est pour nous le bonheur !

Sous le fardeau de sa misère,
L'homme déchu d'un meilleur sort,
Durant son exil sur la terre,
Marche courbé jusqu'à la mort :

Mais de là-haut, de la patrie,
Où se reportent tous ses vœux,
Une secrète voix lui crie :
« Espère, tu vas être heureux ! »

Divine Espérance,
Doux aliment du cœur,
Ta seule présence
Est pour nous le bonheur !

Aux rigueurs de la vie en butte
Combien d'humains, petits et grands,
Près de succomber dans leur lutte
Contre des soucis dévorants !
Mais, du milieu de la tempête,
Qui ballotte le malheureux,
La voix céleste lui répète :
« Espère, tu vas être heureux ! »

Divine Espérance,
Doux aliment du cœur,
Ta seule présence
Est pour nous le bonheur !

Voici qu'au bout de sa carrière
L'homme épuisé se sent faillir ;
Déjà se voile sa paupière,
D'un long sommeil il va dormir...
Mais le Juste entrevoit l'aurore
Du jour resplendissant des cieux,
Et la voix lui redit encore :
« Espère, tu vas être heureux ! »

Divine Espérance,
Doux aliment du cœur,
Ta seule présence
Est pour nous le bonheur !

Aimer, voilà toute ta loi.

V.

LA CHARITÉ.

MUSIQUE DE A. ELWART.

Plenitudo legis dilectio.

S. PAUL *aux Rom.*, XIII, 10.

Dans son harmonieux langage,
La grande voix de l'univers
Aux peuples redit, d'âge en âge,
Ces chants des célestes concerts :
« Aimez Dieu, le meilleur des pères,
« Le Saint des Saints, le seul vrai Roi;
« Chrétiens, aimez-vous comme frères :
« Aimer, voilà toute la loi ! »

Charité, de tes saintes flammes,
De ton génie emplis les âmes;
    Partout, qu'un jour
Règne à jamais ta loi d'amour !

Le cœur ému de sympathie
Pour la souffrance du prochain,
Assistons le pauvre qui prie,
Vieux et triste, au bord du chemin;
Mais n'oublions pas la misère
Qui languit honteuse à l'écart;
Chrétiens, donnons à notre frère
Un denier, un mot, un regard !

Charité, de tes saintes flammes,
De ton génie emplis les âmes;
    Partout, qu'un jour
Règne à jamais ta loi d'amour !

Malade et loin de sa famille
Écoutez l'indigent gémir;
Devant lui nul espoir ne brille,
Il ne s'attend plus qu'à mourir...

Près de sa couche solitaire
En toute hâte rendons-nous ;
Chrétiens, soulageons notre frère :
Soulager un frère est si doux!

Charité, de tes saintes flammes,
De ton génie emplis les âmes ;
    Partout, qu'un jour
Règne à jamais ta loi d'amour !

Des soucis la noire cohorte,
Peines d'esprit, chagrins de cœur,
D'un mortel assiégeant la porte,
Vont l'accabler sous le malheur...
Gardons qu'il ne se désespère,
Impuissant contre leurs assauts ;
Chrétiens, secourons notre frère :
De la pitié pour tous les maux!

Charité, de tes saintes flammes,
De ton génie emplis les âmes ;
    Partout, qu'un jour
Règne à jamais ta loi d'amour !

Si l'injustice, si l'envie
Venaient parfois troubler nos jours ;
Contre nous si la calomnie
A ses trames avait recours...
Restons calmes : de nos colères
Dans l'amour éteignons le feu ;
Chrétiens, pardonnons à nos frères .
Pardonner, c'est imiter Dieu !

Charité, de tes saintes flammes,
De ton génie emplis les âmes ;
    Partout, qu'un jour
Règne à jamais ta loi d'amour !

De nos jours gardien tutélaire,
Ange de Dieu, veille sur nous !

VI.

L'ANGE GARDIEN.

MUSIQUE

DE A. PANSERON. | DE A^phe POPULUS.

(Partitions distinctes).

> Mittam angelum... qui custodiat te in viâ.
>
> EXODE, XXIII, 20.

A peine entrons-nous dans la vie,
Que, des cieux traversant l'azur,
Près de nous, sentinelle amie,
Vient se placer un Esprit pur;
Or, ce pur Esprit qui nous aime,
Qui nous sert partout de soutien,
Cet être, envoyé de Dieu même,
C'est lui, le bon Ange Gardien !

De nos jours gardien tutélaire,
Guide à la fois sévère et doux,
Comme un ami, comme une mère,
Ange de Dieu, veille sur nous !

A l'enfant qui trébuche encore,
Essayant son pas incertain,
Contre le danger qu'il ignore
Qui prête une invisible main ?
Sur sa lèvre, avec patience,
Qui met l'Oraison du chrétien,
La prière par excellence ?
C'est lui, le bon Ange Gardien !

De nos jours gardien tutélaire,
Guide à la fois sévère et doux,
Comme un ami, comme une mère,
Ange de Dieu, veille sur nous !

Aux jours riants de la jeunesse
L'enfant bientôt est parvenu ;
Des vains plaisirs la folle ivresse
Menace, expose sa vertu :

Qui va l'assister dans sa lutte
Pour rester ferme dans le bien,
Ou se relever d'une chute ?
C'est lui, le bon Ange Gardien !

De nos jours gardien tutélaire,
Guide à la fois sévère et doux,
Comme un ami, comme une mère,
Ange de Dieu, veille sur nous !

La maturité sur sa tête
D'heure en heure s'appesantit,
Et des passions la tempête
De coups incessants le poursuit...
Alors que faiblit son courage,
Qui lui souffle en secret le sien,
Et de son cœur calme l'orage ?
C'est lui, le bon Ange Gardien !

De nos jours gardien tutélaire,
Guide à la fois sévère et doux,
Comme un ami, comme une mère,
Ange de Dieu, veille sur nous !

Déjà la vieillesse est venue,
De l'homme aggravant tous les maux ;
A son âme triste, abattue,
Qui promet enfin le repos ?
Et vers la demeure éternelle,
Quand se rompt le dernier lien,
Qui la reporte sous son aile ?
C'est lui, le bon Ange Gardien !

De nos jours gardien tutélaire,
Guide à la fois sévère et doux,
Comme un ami, comme une mère,
Ange de Dieu, veille sur nous !

Sois riche de prudence,
D'amour et d'espérance,
De foi dans le Seigneur,
Enfant, sois riche par le cœur!

VII.

LA BERCEUSE.

—

MUSIQUE D'EDMOND MEMBRÉE.

—œ€o—

Si cette pièce paraissait trop longue à chanter tout entière, on pourrait, sans nuire à la suite des idées,
négliger les quatre strophes précédées d'un astérisque.

—o◦o—

> Mater fons amoris.
> STABAT, *str.* 9.

A ma voix qui t'en prie,
A mes plus doux accords,
Objet cher à ma vie,
    Enfant, dors, dors!

Lorsque l'enfant sommeille
Sous son léger rideau,
Avec nous l'Ange veille
Auprès de son berceau;

Et s'il s'est montré sage,
Entre ceux de son âge,
Un Songe aux ailes d'or,
Par la porte de rose,
Dont l'Ange seul dispose,
Vient, d'un rapide essor,
Au chevet de l'enfant qui dort !

A ma voix qui t'en prie,
A mes plus doux accords,
Objet cher à ma vie,
    Enfant, dors, dors !

* Cependant que ta mère,
Son regard dans le tien,
Achève une prière
Au bon Ange Gardien,
Et que ta lèvre pure,
Qui doucement murmure,
A moi semble s'unir...
Au dessus de ta couche
Déjà le Songe touche,

Sans qu'on l'ait vu venir ;
Le voici : voici le plaisir !

A ma voix qui t'en prie,
A mes plus doux accords,
Objet cher à ma vie,
   Enfant, dors, dors !

Comme en un jour de fête,
De suaves odeurs
Il parfume ta tête,
Et l'embellit de fleurs :
C'est le lis, l'aubépine,
La rose purpurine,
L'humble bluet des champs ;
Et tant de fleurs qu'étale,
D'une main libérale,
Sous les pas des enfants,
Le Dieu qu'offensent des méchants !

A ma voix qui t'en prie,
A mes plus doux accords,

Objet cher à ma vie ,
Enfant , dors , dors !

* J'aime que tu voyages
Avec lui dans les airs ,
Porté sur les nuages
Jusqu'aux divins concerts :
Au terme de ta route ,
Sous cette immense voûte ,
Scintillante de feux ,
Écoute les chœurs d'anges ,
Qui de chants , de louanges
Emplissent les saints lieux ,
Pour célébrer le Roi des Cieux !

A ma voix qui t'en prie ,
A mes plus doux accords ,
Objet cher à ma vie ,
Enfant , dors , dors !

* Mais , si je ne m'abuse ,
Surpris , émerveillé ,

Pour sourire à ma muse,
L'enfant reste éveillé !
Serait-ce qu'en ton âme
De la divine flamme
Un éclair s'est fait jour ?
Aux champs de la pensée
Voudrait-elle, pressée,
Monter avant son tour ?
Dieu t'en garde dans son amour !

A ma voix qui t'en prie,
A mes plus doux accords,
Objet cher à ma vie,
Enfant, dors, dors !

L'œil du jour va se clore
Et manquer aux travaux ;
Et tu veilles encore
A l'heure du repos !
La nuit règne et l'étoile
Resplendit à son voile,
Ainsi qu'un ver luisant ;

Du sein de la feuillée,
L'oiseau, dans sa veillée,
Nous berce de son chant :
Dormons donc jusqu'au jour naissant !

A ma voix qui t'en prie,
A mes plus doux accords,
Objet cher à ma vie,
 Enfant, dors, dors !

* Dormons, et que le Songe,
Aimable aussi pour moi,
De mon sommeil prolonge
Les douceurs près de toi !
Que je te voie en rêve,
Plein de grâce et de sève,
Grandir à mon côté,
Et que le sort propice
* Y pose l'édifice
De ta prospérité,
A l'abri de l'adversité !

A ma voix qui t'en prie,

A mes plus doux accords,
Objet cher à ma vie,
  Enfant, dors, dors!

Du haut de la montagne,
Qu'éclaire un vif rayon,
Admire la campagne,
Qui fuit à l'horizon :
A toi tout cet espace
Que notre vue embrasse
Ces coteaux, ces guérets,
Ces vastes bergeries,
Ces riantes prairies,
Ces lacs et ces forêts...
Mon enfant est riche à jamais!

A ma voix qui t'en prie,
A mes plus doux accords,
Objet cher à ma vie,
  Enfant, dors, dors!

O Dieu, dont la sagesse
Pèse jusqu'au désir,

Pardonne à ma tendresse
Ces rêves d'avenir...
Non , non , point de fortune ,
Trop souvent importune
Et fatale au bonheur !
Sois riche de prudence ,
D'amour et d'espérance ,
De foi dans le Seigneur ;
Enfant , sois riche par le cœur !

A ma voix qui t'en prie ,
A mes plus doux accords ,
Objet cher à ma vie ,
Enfant , dors, dors !

Des petits enfants la prière
Est pour lui le plus doux encens.

VIII

CANTATE

POUR LES SALLES D'ASILE.

AUX PROTECTRICES DE L'ENFANCE.

—

MUSIQUE DE TH. THURNER ET DE J.-CH. DIETERICH,

⊱⊙⊰

Sinite pueros ad me venire.

JÉSUS-CHRIST.

I.

LES JEUNES PATRONNESSES.

—

CHOEUR.

Dans cet asile, heureux enfants,
Où vous appelle une autre mère,
Venez, sous sa loi tutélaire,
Couler en paix vos premiers ans.

UNE PATRONNESSE SEULE.

Venez apprendre à prier Dieu,
Dieu qui donne à tout l'existence,
Et dont l'aimable providence
Nous suit et nous garde en tout lieu.

Élevez vos humbles accents
Jusqu'à notre céleste Père;
Des petits enfants la prière
Est pour lui le plus doux encens.

DEUX PATRONNESSES.

Sous l'œil de Dieu, soir et matin,
Vous voudrez chanter, compter, lire,
Sur l'ardoise chiffrer, écrire,
Et devenir sages enfin.

CHŒUR.

Dans cet asile, heureux enfants,
Où vous appelle une autre mère,

Venez, sous sa loi tutélaire,
Couler en paix vos premiers ans.

UNE PATRONNESSE SEULE.

Être sage, enfants, c'est avoir
L'âme bonne, un cœur sans envie,
Le pas ferme et droit dans la vie;
C'est remplir toujours son devoir.

DEUX PATRONNESSES.

En faisant ainsi ce qu'il doit,
L'enfant mérite ces images,
Que nous décernons aux plus sages,
Avec des baisers par surcroît.

CHŒUR.

Dans cet asile, heureux enfants,
Où vous appelle une autre mère,
Venez, sous sa loi tutélaire,
Couler en paix vos premiers ans.

II.

LA DIRECTRICE.

De votre mère approchez-vous ;
Petits amis , venez entendre
De sa bouche un conseil bien tendre ,
Un seul mot , le mot plus doux :

Aimez-vous d'amour fraternel ,
Selon le vœu de l'Évangile ;
Que l'un à l'autre soit utile :
Aimer est le chemin du Ciel !

Dans cet asile , chers enfants ,
Venus à la voix d'une mère ,
En paix , sous sa loi tutélaire ,
Vous coulerez vos premiers ans.

III.

LES ENFANTS.

Que le Seigneur, dans sa bonté,
Daigne aider à notre faiblesse;
Qu'il accorde, à nous la sagesse,
A notre mère, la santé !

A nos prières, à nos vœux
Prêtant une oreille propice,
De notre auguste protectrice
Qu'il garde les jours précieux !

Dans cet asile des enfants,
Où nous reçoit une autre mère,
En paix, sous sa loi tutélaire,
Nous coulerons nos premiers ans.

IV.

CHOEUR GÉNÉRAL.

———

Les Patronnesses. Dans cet asile , *heureux* enfants ,
Où vous appelle une autre mère ,
Venez , sous sa loi tutélaire ,
Couler en paix vos premiers ans.

La Directrice. Dans cet asile , *chers* enfants ,
Venus à la voix d'une mère ,
En paix , sous sa loi tutélaire ,
Vous coulerez vos premiers ans.

Les Enfants. Dans cet asile *des* enfants ,
Où nous reçoit une autre mère ,
En paix , sous sa loi tutélaire ,
Nous coulerons nos premiers ans.

A qui le sert, à qui l'aime et le prie
Dieu prête l'oreille en tout temps.

IX.

PRIÈRES DU JOUR.

MUSIQUE DE KIENZL.

⎯c⎯⊙⎯⎯

Vesperè et manè et meridiè
narrabo et annuntiabo, et exaudiet vocem meam.
PSAUME LIV, 19.

I. — MATIN.

Enfants de Dieu, par une humble prière
    Saluons le réveil du jour ;
Enfants, prions notre céleste Père,
    Pleins de foi, d'espoir et d'amour !

A qui le sert, à qui l'aime et le prie
    Dieu prête l'oreille en tout temps ;

Il est l'auteur, l'arbitre de la vie,
    Vers le bien il guide nos ans :
« Daigne, ô Dieu bon, mettre par ta puissance
    Sur nos lèvres la vérité,
En nos esprits le don d'intelligence,
    Et dans nos cœurs la charité ! »

Enfants de Dieu, par une humble prière
    Saluons le réveil du jour ;
Enfants, prions notre céleste Père,
    Pleins de foi, d'espoir et d'amour !

      ★

II. — MIDI.

Enfants de Dieu, par une humble prière
    Saluons le milieu du jour ;
Enfants, prions notre céleste Père,
    Pleins de foi, d'espoir et d'amour !

Pour d'autres soins voici qu'à notre zèle
    La cloche marque un temps d'arrêt ;

Sa voix amie au repas nous appelle,
 Du divin Père autre bienfait :
« Daigne, ô Dieu bon, bénir la nourriture,
 Qu'en ton nom vont prendre nos corps ;
Bénis, Seigneur, ta faible créature,
 Et féconde tous ses efforts ! »

Enfants de Dieu, par une humble prière
 Saluons le milieu du jour ;
Enfants, prions notre céleste Père,
 Pleins de foi, d'espoir et d'amour !

***

III. — SOIR.

Enfants de Dieu, par une humble prière
 Saluons le terme du jour ;
Enfants, prions notre céleste Père,
 Pleins de foi, d'espoir et d'amour !

Du jour qui fuit et s'ajoute à notre âge,
 Pour ne plus jamais revenir,

Combien de nous n'auront pas fait l'usage ,
    Qu'il fallait pour leur avenir !...
« Daigne , ô Dieu bon , excuser nos faiblesses ,
    Pardonne nos torts envers toi ;
Et range-nous enfin , par tes tendresses ,
    Sous le joug si doux de ta loi ! »

Enfants de Dieu , par une humble prière
    Saluons le terme du jour ;
Enfants , prions notre céleste Père ,
    Pleins de foi , d'espoir et d'amour!

X.

STANCES

POUR

DISTRIBUTIONS DE PRIX.

—

MUSIQUE DE SCHILTZ ET DE J. CH. DIETERICH.

Omnis gloria à Deo.

I.

AVANT LA DISTRIBUTION.

Voici le jour objet de notre impatience ;
Bientôt sur notre sort nous aurons tout appris ;
Nos cœurs battent de crainte, ils battent d'espérance :
Voici que le travail va recevoir son prix.

Ayons espoir, ayons courage,
Le flot nous pousse vers le port;
Les vents, le ciel, tout nous présage
Sur la rive un heureux abord.

Cependant comme nous nos mères, l'âme émue,
Semblent de ces lauriers attendre aussi leur part,
Et des baisers qu'on donne à la palme obtenue
La promesse déjà se lit dans leur regard.

Ayons espoir, ayons courage,
Le flot nous pousse vers le port;
Les vents, le ciel, tout nous présage
Sur la rive un heureux abord.

II.

APRÉS LA DISTRIBUTION.

Dieu puissant, c'est de toi que vient toute victoire,
A toi seul nous devons le prix de nos travaux;
Nos cœurs avec amour t'en reportent la gloire:
Tu pouvais couronner le front de nos rivaux!

Dieu puissant, c'est de toi que vient toute victoire.

45

Quittons un moment ces rivages,
Sans en perdre le souvenir ;
Allons retremper nos courages
Pour d'autres combats à venir.

En ce paisible lieu, sous la sage tutelle,
Qui guida nos efforts vers de premiers succès,
A l'heure du devoir, troupe toujours fidèle,
Nous marcherons encore à de nouveaux progrès !

Quittons un moment ces rivages,
Sans en perdre le souvenir ;
Allons retremper nos courages,
Pour d'autres combats à venir.

II.

MUSIQUE.

Les *Chants Religieux* se trouvent également publiés, dans le grand format musical, — en album ou séparément, avec accompagnement d'orgue ou de piano.

L'album, renfermé dans un joli cartonnage. . 10 fr. 00

Chaque morceau, excepté le nᵒ vɪɪɪ . . . 1 50

Le nᵒ· vɪɪɪ, Cantate pour les Salles d'asile . 3 00

Pour faciliter l'étude et l'exécution de chacun des morceaux, on a imprimé à part, sur simple feuillet in-8ᵒ, les divers chants de la Cantate et les chœurs des autres pièces, chaque chœur avec le texte dont il fait partie.

A Tours, chez L'AUTEUR, rue Constantine, 6 ;

A Paris, chez M. RÉGNIER-CANAUX, éditeur de musique religieuse, rue Sainte-Appoline, 17 ;

Et chez les principaux Marchands de musique des départements.

I
INVOCATION A L'ESPRIT SAINT.

(Page 3)

Musique de J. C. DIETERICH.

1re Voix. — Source de force et de lu _ mière, Es_prit_ _Saint, ex_au_ce nos voeux; De nos coeurs en_tends la pri_ è _ re, Ver_se._ nous tes dons et tes feux;

2e Voix. — Source de force et de lu _ mière, Es_prit_ _Saint, ex_au_ce nos voeux; De nos coeurs en_tends la pri_ è _ re, Ver_se._ nous tes dons et tes feux;

3e Voix. — Source de force et de lu _ mière, Es_prit_ _Saint, ex_au_ce nos voeux; De nos coeurs en_tends la pri_ è _ re, Ver_se._ nous tes dons et tes feux;

dolce.

Daigne sous l'om _ bre de tes ai _ les A _ briter nos

Daigne sous l'om _ bre de tes ai _ les A _ briter nos

Daigne sous l'om _ bre de tes ai _ les A _ briter nos

ff *dolce poco rallentando.*

â _ mes fi _ dè _ les; Fais que tes en _ fants

â _ mes fi _ dè _ les; Fais que tes en _ fants

â _ mes fi _ dè _ les: Fais que tes en _ fants

a tempo *ff* Choeur.

soient heureux! Pa _ rais, é _ clai _ re, Es _ prit des

soient heureux! Pa _ rais, é _ clai _ re, Es _ prit des

soient heureux! Pa _ rais, é _ clai _ re, Es _ prit des

f *dolce.*

cieux; A ta lu _ miè _ re Ou _ vre nos yeux!

cieux; A ta lu _ miè _ re Ou _ vre nos yeux!

cieux; A ta lu _ miè _ re Ou _ vre nos yeux!

HYMNE A LA VIERGE

(Page 7)

Musique de **A. ELWART**,

Professeur au Conservatoire Impérial de Musique.

Andte religioso.

Solo.

Toi que, près de quitter la ter_re, Par un dernier acte d'a_

_mour, L'Homme_Dieu que tu mis au jour, En mourant

nous lé_gua pour mè re; Des bienfaits de ce fils di_

_vin Graci _ eu_se dis_pen_sa_tri _ ce. Vierge très_

crescendo

_sainte, au genre hu _main, A chacun de nous sois pro_

Choeur   fz

_pi _ ce! Des cieux puissan_te Rei _ ne, en tous

fz

Des cieux puissan_te Rei _ ne, en tous

fz

Des cieux puissan_te Rei _ ne, en tous

lieux et toujours, Daigne aux fai_bles mor_tels prêter ton

lieux et toujours, Daigne aux fai_bles mor_tels prêter ton

lieux et toujours, Daigne aux fai_bles mor_tels prêter ton

bon se _ cours Daigne aux faibles mortels prê _ ter ton bon se_

bon, ton bon se_cours Daigne aux faibles mortels prê_ter ton bon se_

bon, ton bon se_cours Daigne aux faibles mortels prê_ter ton bon se_

_cours, prê ter, prê ter ton bon se _ cours!

_cours, prê ter, prê ter ton bon se _ cours!

_cours, prê ter, prê ter ton bon se _ cours!

II bis
HYMNE A LA VIERGE
(Page 7)

Musique de Th: THURNER

1re Voix. — Maestoso f

Des cieux puissante Reine, en tous lieux et tou—

2e Voix.

Des cieux puissante Reine, en tous lieux et tou—

3e Voix.

Des cieux puissante Reine, en tous lieux et tou—

—jours, Daigne aux faibles mor—tels prêter ton bon se—cours!

—jours, Daigne aux faibles mor—tels prêter ton bon se—cours!

—jours, Daigne aux faibles mor—tels prêter ton bon se—cours!

Andante affectuoso.

Toi que, près de quitter la ter—re, Par un dernier ac—te d'a—

Toi que, près de quitter la ter—re, Par un dernier ac—te d'a—

Toi que, près de quitter la ter—re, Par un dernier ac—te d'a—

56

III.
LA FOI.

(Page 11)

Musique de A. ELWART,

Professeur au Conservatoire Impérial de Musique.

Maestoso. % p

O Foi sain_te, foi de nos Pè_res, Vertu des

O Foi sain_te, foi de nos Pè_res, Vertu des

O Foi sain_te, foi de nos Pè_res, Vertu des

fai_bles et des forts, De tes i_nef_fa_bles mys_

fai_bles et des forts, De tes i_nef_fa_bles mys_

fai_bles et des forts, De tes i_nef_fa_bles mys_

_tè_res Verse en nos â _ mes les trésors Verse en nos

_tè_res Verse en nos â _ mes les trésors Verse en nos

_tè_res Verse en nos â _ mes les trésors Verse en nos

â_mes les tré_sors! De tes i_nef_fa_bles mys_

â_mes les tré_sors! De tes i_nef_fa_bles mys_

â_mes les tré_sors! De tes i_nef_fa_bles mys_

_tères Verse en nos â_mes les tré_sors! Sur le

1ᵉ. Strophe.

_tères Verse en nos â_mes les tré_sors!

_tères Verse en nos â_mes les tré_sors!

un peu plus vite

vaste O_céan du dou_te, Pour pro_té_ger l'huma_ni_

_té Contre les é_cueils de la rou_te, De la

Foi brille la clar_té: Flambeau di_vin, dont la pré_

poco retenuto

_sen_ce Nous fait tra_verser l'ex_is_ten_ce Dans la

crés

paix, la sé_cu_ri_té! Dans la paix, la sé_cu_ri_

a piacere   cres   mf

_té! O Foi sainte, foi de nos pè_res. O Foi_

IV.
L'ESPÉRANCE.
(Page 15)

Musique de **A. ELWART**,
Professeur au Conservatoire Impérial de Musique.

All°. cantabile. % dolce.

Di_vine Es_pé_ran_ce, Doux aliment du

Di_vine Es_pé_ran_ce, Doux aliment du

Di_vine Es_pé_ran_ce, Doux aliment du

coeur,___ Ta seu_le pré_sence___ Est pour nous___ le bon_

coeur,___ Ta seu_le pré_sence___ Est pour nous___ le bon_

coeur,___ Ta seu_le pré_sence___ Est pour nous___ le bon_

_heur!___ Di_vine Es_pé_ ran_ ce,___ Doux a_liment du

_heur!___ Di_vine Es_pé_ ran_ ce,___ Doux a_liment du

_heur!___ Di_vine Es_pé_ ran_ ce,___ Doux a_liment du

coeur, Ta seu — le pré — sence Est pour nous le bon—

coeur, Ta seu — le pré — sence Est pour nous le bon—

coeur, Ta seu — le pré — sence Est pour nous le bon—

heur! Ta seu le pré sen_ce Est pour nous le bon_heur!

heur! Ta seu le pré sen_ce Est pour nous le bon_heur!

heur! Ta seu le pré sen_ce Est pour nous le bon_heur!

Moderato.

1ʳᵉ Strophe. Sous le fardeau de sa mi — sè — re, l'hom_me dé_

_chu d'un meil_leur sort, Du_ rant son exil sur la

ter — re, Marche cour_bé jus_qu'a la mort; Mais de là_

haut, de la pa_ tri — e, Où se re_ por_tent tous ses

voeux, U_ne se_ crè_te voix lui cri — e: Es_pè_ re, Es_

_pè_ re, tu vas être heu_reux! Es_pè_ re, Es_

_pè_ re, tu vas_ être heu_ reux! Di_

V
LA CHARITÉ.
(Page 19)

Musique de **A. ELWART**,

Professeur au Conservatoire Impérial de Musique.

Dans son harmonieux langage, La grande voix de l'univers Aux peuples redit, d'âge en âge, Ces chants des célestes concerts : « Aimez Dieu, le meilleur des pères, Le Saint des Saints, le seul vrai Roi ; Chrétiens, aimez-vous comme frères : Aimer, voilà toute la loi! » Aimer, aimer, aimer, voilà toute la loi! Charité, de tes saintes flammes, De ton génie emplis les Charité, de tes saintes flammes, De ton génie emplis les Charité, de tes saintes flammes, De ton génie emplis les â_mes; Par_tout, qu'un jour Règne à ja_mais ta loi d'a_

â_mes; Par_tout, qu'un jour Règne à ja_mais ta loi d'a_

â_mes; Par_tout, qu'un jour Règne à ja_mais ta loi d'a_

mour! Partout, qu'un jour Règne à ja

mour! Partout, qu'un jour Règne à ja

mour! Partout, partout, qu'un jour, un jour Règne à ja

_mais ta loi d'a_mour ta loi d'a_mour!

_mais ta loi d'a_mour ta loi d'a_mour!

mais ta loi d'a mour ta loi d'a_mour!

2ᵉ Strophe
Un de_nier, un mot, un denier, un mot un re_gard! Chari_té

3ᵉ Strophe
Chrétiens, soulager un frè_re est si doux! Cha_ri_té

4ᵉ Strophe
Chrétiens, chrétiens, de la pitié pour tous les maux! Cha_ri_té

5ᵉ Strophe.
Chrétiens, chrétiens pardonner, c'est imiter Dieu! Cha_ri_té

L'ANGE GARDIEN.

(Page 23.)

Musique de **A. PANSERON**,

Professeur au Conservatoire Impérial de Musique.

And.te grazioso.

Solo.

A peine entrons-nous dans la vi — e, Que, des

cieux tra-ver-sant l'a-zur, Près de nous, sen-tinelle a-

contralto

-mi- e, Vient se pla-cer un Es-prit pur;

solo.

Or, ce pur Es-prit qui nous ai — me, Qui nous

sert partout de soutien, Cet être, en-voyé de Dieu mê- me, C'est

solo.

C'est lui, *p solo.* le bon an — ge gar-

C'est lui, le bon an — ge gar-

lui, le bon an-ge gar-dien! le bon an- ge gar-

Chœur

dien! — De nos jours gardien tu - té-lai- re, Guide à la

dien! — De nos jours gardien tu - té - lai - re, Guide à la

dien! — De nos jours gardien tu - te - lai - re, Guide à la

fois sévère et doux, Comme un a _ mi, comme u _ ne

fois sévère et doux, Comme un a_mi,

fois sévère et doux, Comme un a_mi,

mè _ re, Ange de Dieu, veil _ le sur nous! Comme un a_

comme une mè _ re, Ange de Dieu, veil_le sur nous!

comme une mè _ re, Ange de Dieu, veil_le sur nous!

_mi, comme u_ne mè_re, An _ ge de Dieu,veil_le sur

Comme un ami, comme u_ne mè_re, Ange de Dieu,veil_le sur

Comme un ami, comme u_ne mè_re, Ange de Dieu,veil_le sur

nous, An_ge de Dieu, _____ veil_le sur nous!

nous, veil_le sur nous, veil_le sur nous!

nous, veil_le sur nous, Ange de Dieu,veil_le sur nous!

L'ANGE GARDIEN.

(Page 23.)

Musique d'A^phe POPULUS.

Andante.

Soprano.

De nos jours gar_dien tuté_lai_re, Guide à la fois sé_

Tenor.

De nos jours gar_dien tuté_lai_re, Guide à la fois sé_

Basse.

De nos jours gar_dien tuté_lai_re, Guide à la fois sé_

_vère et doux, Guide à la fois sé _ vère et doux,

_vère et doux, Guide à la fois sé _ vère et doux,

_vère et doux, Gui_de à la fois sé _ vère et doux,

Comme un ami, com_me u _ ne mè_re, An_ge de Dieu,

Comme un ami, com_me u_ne mè_re, An_ge de Dieu qui veil_

Comme un ami, com_me u_ne mè_re, An_ge de Dieu,

veil _ le sur nous, An _ ge de Dieu, veil _ le sur nous,

le sur nous, An _ ge de Dieu, veil _ le sur nous,

veil _ le sur nous, An _ ge de Dieu, veil _ le sur nous, An _

riten.   *rall.*

An _ ge de Dieu, veil _ le sur nous!

riten.   *rall.*

An _ ge de Dieu, veil _ le sur nous!

_ge de Dieu, veil _ le sur nous!

1.e Strophe Andantino.

A _ peine entrons-nous dans la vi _ e Que, des cieux traver _

_sant l'azur, Près de nous, senti _ nelle a _ mi _ e,

Vient se placer un Es _ prit pur, vient se pla _ cer un

Es _ prit pur; Or, ce pur Es _ prit qui nous ai _ me,

più lento

Qui nous sert partout de sou_tien, Cet être, en _ vo _ yé

ritard.   *f*   *rall.*

de Dieu même, C'est lui... c'est lui, le bon an _ ge gar _ dien!

D.C.

LA BERCEUSE.

(Page 27)

Musique d'Edmond MEMBRÉE.

Andante.

A ma voix qui t'en pri_e, A mes plus doux ac_
_cords, Ob_jet cher à ma vi_e, En_fant, dors,

rall. *rall. tempo.* 1re Strophe.

dors; en_fant dors, dors. Lors_que l'en_fant som_

_meil_le Sous son lé_ger ri_deau, A_vec nous l'An_ge

poco rall. *tempo.*

veil_le Au près de son ber_ceau; Et, s'il s'est mon_tré

sa_ge En_tre ceux de son â_ge, Un

reten. *p et caressant.*

Songe aux ai_les d'or, Par la por_te de ro_se, Dont

l'An_ge seul dis_po_se, Vient, d'un rapi_de es_sor, Au che_

rall. dimin. *tempo.*

_vet de l'enfant qui dort! A ma voix qui t'en pri_e, A

mes plus doux ac_cords, Ob_jet cher a ma vi_e, En_

p *rall.* *rall.*

_fant, dors, dors; en fant, dors, dors.

VIII.
CANTATE POUR LES SALLES D'ASILE.

(Page 35)

Musique de Th. **THURNER** et de J. Ch. **DIETERICH**.

I. LES PATRONNESSES. — Th. THURNER.

Allᵒ non troppo

Choeur.

Dans cet a_sile, heu_reux en_fants,

Où vous ap_pelle une au_tre mè_re, Ve_

_nez sous sa loi tu_té_lai_re, Cou_ler en paix vos premiers ans.

Religioso.

Une Patronnesse

Ve_nez ap_prendre à pri_er Dieu,

Dieu qui don_ne à tout l'ex_is_ten_ce, Et

dont l'ai_mable pro_vi_den_ce Nous suit et nous garde en tout

lieu. E_le_vez vos humbles ac_cents Jus_qu'à notre céleste

Pè_re; Des pe_tits en_fants la pri_è_re Est pour lui

recitatif
Deux patronnesses

le plus doux en_cens. Sous l'œil de Dieu, soir et ma_

_tin, Vous vou_drez chan_ter, compter, li_re, Sur

l'ardoise chiffrer, é_cri_re, Et de_venir sages en_fin. Dans cet a_

Andantino.

Une Patronnesse

E — tre sage, enfants, c'est a — voir

L'â — me bon — ne, un coeur sans en — vi — e,

Le pas ferme et droit dans la vi — e;

C'est rem — plir tou — jours son de — voir

Andantino deux patronnesses

En fai — sant ain — si ce qu'il doit, L'en —

— fant mé — ri — te ces i — ma — ges, Que

nous dé — cer — nons aux plus sa — ges, A —

— vec des bai — sers par sur — croit. Dans cet a —

II LA DIRECTRICE. — Th. THURNER.

dolce. Mod^to con expressione.

De vo — tre mère ap — prochez-vous;

Pe — tits a — mis, ve — nez en — ten — dre De sa bouche un

conseil bien ten _ dre, Un seul mot, le mot le plus doux:

Ai_mez-vous d'a_mour fra_ter_nel, Se_lon le

vœu de l'É_van_gi_le; Que l'un à l'au_tre soit u_

ritard.

_ti_le; Ai _ mer est le chemin du Ciel!

Andante.

Dans cet a_si_le, chers en_fants, Ve _ nus à la voix d'une

mè _ re, En paix, sous sa loi tu_té_lai _ re, Vous

coulerez vos premiers ans. Dans cet a_si_le, chers en_

_fants, Ve_nus à la voix d'u_ne mè _ re, En

paix, sous sa loi tu_té_lai_re, Vous cou_lerez vos premiers

ans, vous cou_le_rez vos premiers ans.

111. LES ENFANTS. — J.CH.DIETERICH.

And^{te} religioso.

Que le Seigneur, dans sa bon-té, Daigne aider à

no-tre fai-bles.- se; Qu'il accorde à nous la se-

-ges-se, A no-tre mè-re la san-té! A nos pri-

-è-res à nos voeux Prê-tant une o-reil-le pro-

-pi- ce, De notre auguste pro-tec-tri-ce Qu'il

un peu plus vite.

gar-de les jours pré-ci-eux! Dans cet a-si-le des en-

-fants, Où nous re-çoit une au-tre mè-re,

-En paix, sous sa loi tu-té-lai-re, Nous

coulerons, nous cou-le-rons nos pre-miers ans.-

IV. CHŒUR GÉNÉRAL – J. Ch: DIETERICH.

All⁰ non troppo.

Les Enfants......Dans cet a_si_le des en_fants, Où nous re
Les Patronnesses.Dans cet a_sile heu_reux en_fants, Où vous ap
La Directrice....Dans cet a_si_le chers en_fants, Ve_nus à

_coit une au_tre me_re, En paix, sous sa
_pelle une au_tre me_re, Ve_nez, sous sa
la voix d'u_ne mè_re, En paix, sous sa

loi tu_té_lai_re, Nous cou_le_rons nous cou_le_
loi tu_té_lai_re, cou_ler en paix cou - ler en
loi tu_té_lai_re, Vous cou_le_rez vous cou_le_

_rons, Nous cou_le_rons nos pre_miers ans.
paix Cou_ler en paix vos pre_miers ans.
_rez, Vous cou_le_rez vos pre_miers ans.

Dans cet a_si_le, des en_fants, Où nous re
Dans cet a_sile, heu_reux en_fants, Où vous ap_
Dans cet a_si_le, chers en_fants, Ve_nus à

_coit une au_tre me_re, En paix, sous sa
_pelle une au_tre me_re, Ve_nez, sous sa
la voix d'u_ne me_re, En paix, sous sa

loi tu_té_lai_re, nous cou_le_rons nos pre_miers
loi tu_té_lai_re, cou_ler en paix vos pre_miers
loi tu_té_lai_re, vous cou_le_rez vos pre_miers

ans, nous cou_le_rons nos pre_miers ans, nos pre_miers
ans, cou_ler en paix vos pre_miers ans, vos pre_miers
ans, vous cou_le_rez vos pre_miers ans, vos pre_miers

ans, nos pre_miers ans, nos pre_miers ans.
ans, vos pre_miers ans, vos pre_miers ans.
ans, vos pre_miers ans, vos pre_miers ans.

IX
PRIÈRES DU JOUR.
(Page 41)

Musique de **KIENZL**

Chœur.
Andante très-modérément.

1ᵉ Voix.

mfz En fants de Dieu, par une hum _ ble pri _

2ᵉ Voix.

En fants de Dieu, par une hum _ ble pri _

3ᵉ Voix.

En fants de Dieu, par une hum _ ble pri _

_ è _ re Sa _ lu _ ons le ré _ veil du jour;

_ è _ re Sa _ lu _ ons le ré _ veil du jour;

_ è _ re Sa _ lu _ ons le ré _ veil du jour;

En _ fants, pri _ ons no _ tre cé _ les _ te Pè _ re,

En _ fants, pri _ ons no _ tre cé _ les _ te Pè _ re,

En _ fants, pri _ ons no _ tre cé _ les _ te Pè _ re,

Pleins ⸺ de foi, d'es _ poir et d'a _ mour!

Pleins ⸺ de foi, d'es _ poir et d'a _ mour!

Pleins ⸺ de foi, d'es _ poir et d'a _ mour!

Une voix.

A qui le sert, à qui l'ai _ me et le pri _ e

Dieu prê _ te l'o _ reil _ le en tout temps;

Il est l'au _ teur, l'ar _ bi _ tre de la vi _ e;

Vers ⸺ le bien il gui _ de nos ans :

Plus lentement.

1ᵉ Voix.

«Daigne, ô Dieu bon, met _ tre par ta puis_

2ᵉ Voix.

«Daigne, ô Dieu bon, met _ tre par ta puis_

3ᵉ Voix.

«Daigne, ô Dieu bon, met _ tre par ta puis_

_san _ ce Sur nos lè_vres la vé _ ri _ té,

_san _ ce Sur nos lè_vres la vé _ ri _ té,

_san _ ce Sur nos lè_vres la vé _ té,

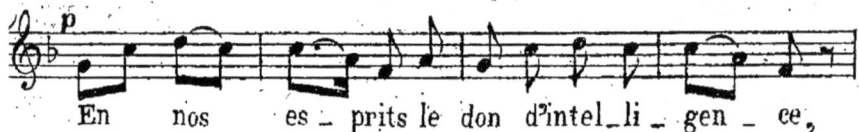

En nos es _ prits le don d'intel_li _ gen _ ce,

En nos es _ prits le don d'intel_li _ gen _ ce,

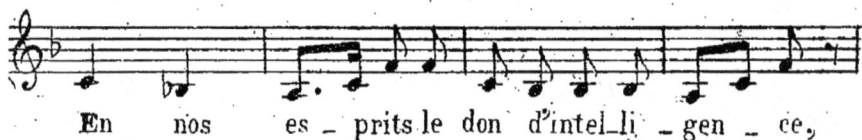

En nos es _ prits le don d'intel_li _ gen _ ce,

CHOEUR ℅

Et dans nos coeurs la cha _ ri _ té! »

Et dans nos coeurs la cha _ ri _ té! »

Et dans nos coeurs la cha _ ri _ té! »

X
STANCES POUR DISTRIBUTIONS DE PRIX.
(Page 45)
I_ AVANT LA DISTRIBUTION.

Musique de **SCHILTZ**.

Allo maestoso.

1re Voix.

Voi_ci le jour ob_jet de notre im_pà_ti_

2e Voix.
et
3e Voix
à volonté

Voi_ci le jour ob_jet de notre im_pa_ti_

Voi_ci le jour ob_jet de notre im_pa_ti_

_en _ ce; Bientôt sur no_tre sort nous aurons tout ap_

_en _ ce; Bientôt sur no_tre sort nous aurons tout ap_

_en _ ce; Bientôt sur no_tre sort nous aurons tout ap_

_pris; Nos coeurs battent de crain_te, ils battent d'espé_

_pris; Nos coeurs battent de crain_te, ils battent d'espé_

_pris; Nos coeurs battent de crain _ te, ils battent d'espé_

_ran _ ce: Voi_ci que le tra_vail va recevoir son prix. FIN.

_ran _ ce: Voi_ci que le tra_vail va recevoir son prix. FIN.

_ran _ ce: Voi_ci que le tra_vail va recevoir son prix.

Soli la 1ʳᵉ fois.

Ayons espoir, ayons courage, Le flot nous pousse vers le port; Les vents, le ciel, tout nous présage Sur la rive un heureux abord, Sur la rive un heureux abord.

Tutti la 2ᵉ fois.

II. APRÈS LA DISTRIBUTION.

Musique de J.Ch.**DIETERICH**.

Andantino.

1re Voix. f Dieu puissant, c'est de toi que vient toute vic_

2e Voix. et 3e Voix. à volonté f Dieu puissant, c'est de toi que vient toute vic_

f Dieu puissant, c'est de toi que vient toute vic_

_toi_re, A toi seul nous de_vons le prix de nos tra_

_toi_re, A toi seul nous de_vons le prix de nos tra

_toi_re, A toi seul nous de_vons le prix de nos tra

_vaux; Nos coeurs a_vec a_mour t'en re_

_vaux; Nos coeurs a_vec a_mour t'en re_

_vaux; Nos coeurs a_vec a_mour t'en re_

_por_tent la gloi_re: Tu pou_vais cou_ron_

_por_tent la gloi_re: Tu pou_vais cou_ron_

_por_tent la gloi_re: Tu pou_vais cou_ron_

FIN.

_ner le front de nos ri _ vaux!

FIN.

_ner le front de nos ri _ vaux!

FIN.

_ner le front de nos ri _ vaux!

𝄋 Soli la 1ʳᵉ fois

Quit _ tons un mo _ ment ces ri _ va _ ges,

Quit _ tons un mo _ ment ces ri _ va _ ges,

Quit _ tons un mo _ ment ces ri _ va _ ges,

Sans en per_dre le souve _ nir; Al_lons retremper nos cou_

Sans en per_dre le souve _ nir; Al_lons retremper nos cou_

Sans en per_dre le soùve _ nir; Al_lons retremper nos cou_

tutti la 2ᵉ fois 𝄋

_ra _ ges Pour d'au _ tres combats à ve _ nir.

_ra _ ges Pour d'au _ tres combats à ve _ nir.

_ra _ ges Pour d'au _ tres combats à ve _ nir.

TABLE

—